Ο ΠΙΝΑΚΑΣ ΜΕΡΙΔΙΟΥ ΑΝΑΠΤΥΞΗΣ ΤΗΣ BCG: ΘΕΩΡΙΕΣ ΚΑΙ ΕΦΑΡΜΟΓΕΣ

ΒΑΣΙΚΕΣ ΠΛΗΡΟΦΟΡΙΕΣ

- **Ονόματα:** BCG-matrix, BCG-matrix, Product Portfolio Matrix, Boston matrix, Boston Consulting Group analysis, portfolio diagram. Το όνομά του προέρχεται από τη Boston Consulting Group, μια διεθνή εταιρεία παροχής συμβουλών στρατηγικής, η οποία επινόησε τον πίνακα.

- **Χρήσεις:** Χρησιμοποιείται κυρίως από διαχειριστές που θέλουν να παρατηρήσουν τη σχετική σημασία των δραστηριοτήτων στο χαρτοφυλάκιό τους. Παρέχει συμβουλές για το χαρτοφυλάκιο, ενθαρρύνοντας την επένδυση, τη διατήρηση ή την αφαίρεση δραστηριοτήτων.

- **Γιατί είναι επιτυχημένη;** Όταν χρησιμοποιείται υπό τις κατάλληλες συνθήκες, επιτρέπει στους διευθυντές να μάθουν περισσότερα για τις δραστηριότητές τους και να λάβουν τις καλύτερες αποφάσεις σχετικά με την κατανομή των πόρων και των δεξιοτήτων.

- **Λέξεις-κλειδιά:** ΑΣ, στρατηγικό εργαλείο, σχετικό μερίδιο αγοράς, ρυθμός ανάπτυξης της αγοράς, αστέρια, αγελάδες, ερωτηματικά, σκυλιά, ηγέτης, ακόλουθος, αυτοχρηματοδότηση, οικονομίες κλίμακας, κύκλος ωριμότητας της αγοράς, μήτρα GE, μήτρα χαρτοφυλακίου Ashridge.

Ο ΠΙΝΑΚΑΣ ΜΕΡΙΔΙΟΥ ΑΝΑΠΤΥΞΗΣ ΤΗΣ BCG

Το κλειδί για τη διαχείριση χαρτοφυλακίου

Ο ΠΙΝΑΚΑΣ ΜΕΡΙΔΙΟΥ ΑΝΑΠΤΥΞΗΣ ΤΗΣ BCG

Το κλειδί για τη διαχείριση χαρτοφυλακίου

γραμμένο από Thomas del Marmol
μεταφρασμένο από Lina Sideris

ΕΙΣΑΓΩΓΗ

Στις μέρες μας, είναι ευρέως αποδεκτή η ανάγκη να διαθέτουν οι μάνατζερ ένα χαρτοφυλάκιο ποικίλων δραστηριοτήτων και να είναι σε θέση να διαχειρίζονται όλες τις δραστηριότητές τους όσο το δυνατόν πιο αποτελεσματικά. Πράγματι, όποιος αποσπά το βλέμμα του από την ανάπτυξη του επιχειρηματικού του χαρτοφυλακίου, έστω και για μια στιγμή, θα τιμωρηθεί γρήγορα για την αμέλειά του. Ωστόσο, αυτή η διαχείριση δραστηριοτήτων δεν είναι εύκολη και πολλές επιχειρήσεις που πίστευαν ότι είναι ανίκητες έχουν καταρρεύσει ως αποτέλεσμα κακής ανάλυσης της αγοράς ή υπερεκτίμησης της δύναμής τους.

Οι πίνακες διαχείρισης χαρτοφυλακίου εμφανίστηκαν για να βοηθήσουν αυτούς τους διαχειριστές, επιτρέποντάς τους να κατανοήσουν καλύτερα τον αντίκτυπο των διαφόρων SBUs (στρατηγικών επιχειρηματικών μονάδων).

 ΚΑΛΟ ΕΙΝΑΙ ΝΑ ΓΝΩΡΙΖΕΤΕ: SBU

Μια SBU είναι ένα υποτμήμα μιας εταιρείας, στο οποίο ο διευθυντής μπορεί να αποφασίσει να διαθέσει ή να αφαιρέσει πόρους. Η διαίρεση μιας εταιρείας σε SBUs ανταποκρίνεται σε μια οργανωτική ανάγκη και παρέχει καλύτερη επισκόπηση των διαφόρων τμημάτων της εταιρείας. Κάθε SBU μπορεί να διευθύνεται με αυτόνομο και ανεξάρτητο τρόπο, ανάλογα με τις αποφάσεις της εταιρείας.

Ιστορία

Η Boston Consulting Group ιδρύθηκε από τον Bruce D. Henderson (1915-1992) το 1963 και γρήγορα εξελίχθηκε σε μία από τις μεγαλύτερες εταιρείες παροχής στρατηγικών συμβουλών στον κόσμο, με περισσότερα από 80 γραφεία σε σχεδόν 50 διαφορετικές χώρες. Η BCG συνεργάζεται με εταιρείες σε ένα ευρύ φάσμα τομέων, όπως η ενέργεια, η υγειονομική περίθαλψη, η αυτοκινητοβιομηχανία και οι τηλεπικοινωνίες. Μία από τις κύριες καινοτομίες της είναι η δημιουργία του πίνακα BCG growth-share matrix.

Ο πίνακας μεριδίου ανάπτυξης της BCG αναπτύχθηκε κατά τη δεκαετία του 1960 και επιτρέπει στους χρήστες να προσδιορίσουν το σχετικό μερίδιο αγοράς μιας δραστηριότητας, καθώς και να αξιολογήσουν την ανάπτυξη της αγοράς που συνδέεται με αυτήν. Συγκεκριμένα, αυτό σημαίνει ότι ο πίνακας επιτρέπει στους διευθυντές να επιλέγουν δραστηριότητες που παράγουν κέρδη ή μεγάλες δυνατότητες, δραστηριότητες που βρίσκονται σε ύφεση και δραστηριότητες με υψηλό κίνδυνο κατάρρευσης.

Ο πίνακας μεριδίων ανάπτυξης της BCG προέκυψε σε μια εποχή που η κατανόηση των μηχανισμών της αγοράς ήταν μείζονος σημασίας. Εκείνη την εποχή, η διαδικασία λήψης αποφάσεων ήταν κεντρικό θέμα σε πολλά ερωτήματα εντός της χρηματοπιστωτικής κοινότητας. Συνεπώς, το πλαίσιο ήταν ευνοϊκό για την ανάπτυξη και τη χρήση ενός πίνακα που προσέφερε μια σειρά εργαλείων για να διευκολύνει τα στελέχη να λαμβάνουν αποφάσεις σχετικά με την κατανομή των πόρων. Κατά συνέπεια, έτυχε πολύ καλής υποδοχής και υιοθετήθηκε γρήγορα από τους ηγέτες των επιχειρήσεων.

Ορισμός του μοντέλου

Ο πίνακας BCG growth-share matrix καθοδηγεί τον χρήστη να διαιρέσει τις διάφορες SBUs με βάση την αναμενόμενη ανάπτυξη και το σχετικό μερίδιο αγοράς τους. Ως εκ τούτου, βασίζεται σε δύο άξονες και διαχωρίζει τις SBUs σε τέσσερις κατηγορίες: αστέρια, αγελάδες, ερωτηματικά και σκυλιά. Χάρη σε αυτό το μοντέλο, οι διαχειριστές μπορούν να κάνουν τις καλύτερες επιλογές κατά την κατανομή των πόρων στις διάφορες SBUs. Ο πίνακας τους επιτρέπει επίσης να αποκτήσουν καλύτερη εικόνα της επιχείρησης και να προσδιορίσουν ποιους τομείς στρατηγικών δραστηριοτήτων πρέπει να προωθήσουν και ποιους να καταργήσουν.

ΘΕΩΡΙΑ

ΠΛΑΙΣΙΟ ΚΑΙ ΕΝΝΟΙΑ

Ο πίνακας μεριδίων ανάπτυξης της BCG είναι ένα από τα πιο διαδεδομένα εργαλεία διαχείρισης χαρτοφυλακίου για τους διαχειριστές. Αποτελεί μέρος μιας ευρύτερης συλλογής πινάκων κατανομής πόρων, συμπεριλαμβανομένων των πινάκων McKinsey και Ashridge. Ο κύριος στόχος αυτών των μοντέλων είναι να διευκολύνουν τη διαδικασία λήψης αποφάσεων των μάνατζερ, ιδίως όταν πρόκειται για την κατανομή των σπάνιων πόρων (χρηματικών, υλικών ή πνευματικών) στις διάφορες SBUs. Με άλλα λόγια, επιδιώκουν να δημιουργήσουν ένα συνεκτικό σχέδιο εσωτερικής κατανομής μεταξύ των SBUs με βάση τα αντίστοιχα θέλγητρά τους (τα οποία συνδέονται με τη δημιουργία κερδών, τις δυνατότητες ανάπτυξης κ.λπ.), αλλά και τις ευκαιρίες για συνέργειες μεταξύ των SBUs. Όλα αυτά έχουν δύο άξονες: ο πρώτος έχει να κάνει με τις ιδιαιτερότητες της αγοράς, ενώ ο δεύτερος αφορά τα δυνατά σημεία της επιχείρησης.

Ο πίνακας μεριδίου ανάπτυξης της BCG επιτρέπει την απεικόνιση των διαφόρων στρατηγικών επιχειρηματικών μονάδων μιας εταιρείας σε ένα διάγραμμα με δύο άξονες:

• Ο κάθετος άξονας αντιστοιχεί στον ρυθμό ανάπτυξης της αγοράς, δηλαδή στο δυναμικό ανάπτυξης της αγοράς τα επόμενα χρόνια. Γενικά θεωρείται ότι μια αναπτυσσόμενη αγορά παρουσιάζει αύξηση περίπου 5% των πωλήσεών της σε όγκο.

- Ο οριζόντιος άξονας αντιπροσωπεύει το σχετικό μερίδιο αγοράς της SBU. Για τον υπολογισμό του σχετικού μεριδίου αγοράς χρησιμοποιείται γενικά ένας λόγος: το σχετικό μερίδιο της SBU επί του μεριδίου αγοράς του κύριου ανταγωνιστή.

  - π.χ. Εάν έχω το 15% του μεριδίου αγοράς και ο ανταγωνιστής μου έχει το 10%, το σχετικό μου μερίδιο αγοράς θα είναι ίσο με 1,5, αφού $\frac{15\%}{10\%}$ παράγει αυτό το αποτέλεσμα.

Το σχετικό μερίδιο αγοράς θεωρείται ισχυρό όταν η τιμή του είναι μεγαλύτερη από 1,25.

👁 ΚΑΛΟ ΕΙΝΑΙ ΝΑ ΓΝΩΡΙΖΕΤΕ: ΗΓΕΤΗς Η ΑΚΟΛΟΥΘΟΣ;

Για μια επιχείρηση, το να είναι "ηγέτης" σημαίνει να κατέχει δεσπόζουσα θέση για ένα προϊόν σε μια δεδομένη αγορά και να αναγνωρίζεται από τους συναδέλφους της ως η "κορυφαία" (η πρώτη εταιρεία που της έρχεται στο μυαλό) στην κατηγορία της. Αντίθετα, ένας "οπαδός" έχει μόνο ένα μικρό μερίδιο αγοράς και επομένως είναι αναγκασμένος να ευθυγραμμιστεί με τον ανταγωνισμό αν θέλει να επιβιώσει στην αγορά (Lambin and Moerloose, 2008).

Οι επιπτώσεις αυτού του μοντέλου επιτρέπουν στους χρήστες να κατανοήσουν τα διάφορα σημεία που πρέπει να ληφθούν υπόψη πριν από την ιεράρχηση ορισμένων δραστηριοτήτων. Πράγματι, αν και το διάγραμμα καθιστά σαφές ότι μια αναπτυσσόμενη αγορά σε συνδυασμό με ένα σημαντικό μερίδιο αγοράς είναι εξαιρετικά ελκυστική για τους διαχειριστές, δεν είναι πάντα εύκολο να γνωρίζει κανείς πώς να αντιμετωπίσει τις δραστηριότητες που αντιπροσωπεύουν ένα σημαντικό μερίδιο αγοράς σε στάσιμες ή φθίνουσες αγορές. Το ζήτημα των SBUs με χαμηλό μερίδιο αγοράς σε εκθετικά αναπτυσσόμενες αγορές εγείρει επίσης πολλά ερωτήματα. Χάρη στις προαναφερθείσες πληροφορίες, μπορούμε να διαχωρίσουμε το διάγραμμα σε τέσσερα τεταρτημόρια για να διακρίνουμε τους διαφορετικούς τύπους SBUs και τις ταμειακές ροές τους. Η ταμειακή ροή υπολογίζεται με βάση τον ισολογισμό του τρέχοντος οικονομικού έτους (σύνολο αποσβέσεων και προβλέψεων + καθαρά κέρδη μετά από φόρους και πριν από πιθανή αναδιανομή κερδών) και υποδεικνύει την οικονομική αυτονομία της επιχείρησης.

- **Τα αστέρια** αντιπροσωπεύουν τους επιχειρηματικούς τομείς με σημαντικό σχετικό μερίδιο αγοράς σε μια αναπτυσσόμενη αγορά. Μπορούμε να υποθέσουμε ότι οι δραστηριότητες σε αυτό το τεταρτημόριο είναι συχνά ηγέτες της αγοράς και απαιτούν σημαντικές και συνεχείς επενδύσεις για να υποστηρίξουν την ανάπτυξή τους, ενώ παράλληλα αντιστέκονται στις πιέσεις των ανταγωνιστών. Τούτου λεχθέντος, τα αποτελέσματα θα ξεπληρώσουν και με το παραπάνω την επένδυση αυτή, καθώς οι δραστηριότητες αυτές παράγουν σημαντικά κέρδη για τον διαχειριστή.

- **Οι σκύλοι, που** μερικές φορές αποκαλούνται κατοικίδια ζώα, βρίσκονται στο κάτω δεξί τεταρτημόριο. Αντιπροσωπεύουν τις SBU που βρίσκονται σε μια αγορά χαμηλής ανάπτυξης με χαμηλό σχετικό μερίδιο αγοράς. Συχνά πρόκειται για φθίνουσες δραστηριότητες που ανταγωνίζονται σε αγορές στις οποίες κυριαρχούν ορισμένοι ανταγωνιστές (ανταγωνιστικό πλεονέκτημα). Αυτές οι "γηράσκουσες" δραστηριότητες μπορεί να απαιτήσουν μεγάλες επενδύσεις, μόνο και μόνο για να αποδώσουν στο τέλος ελάχιστα ή καθόλου αποτελέσματα. Γι' αυτό το λόγο είναι γενικά σκόπιμο να καταργηθούν αυτές οι δραστηριότητες: η συνέχισή τους θα μπορούσε να βλάψει την επιχείρηση.

* **Οι "αγελάδες μετρητών"** αντιπροσωπεύουν δραστηριότητες με αρκετά υψηλό μερίδιο αγοράς σε τομείς με φθίνουσα πορεία. Οι δραστηριότητες αυτές έχουν συχνά εδραιώσει την κυριαρχία τους έναντι των ανταγωνιστών τους σε μια ώριμη αγορά και, ως εκ τούτου, απαιτούν μόνο περιορισμένες επενδύσεις. Πράγματι, η κατάσταση της αγοράς πιθανόν να μην οδηγήσει σε νέες εισόδους και δεν θα παρακινήσει τους υπάρχοντες ανταγωνιστές να εκτοπίσουν τους ήδη υπάρχοντες. Το φαινόμενο της εμπειρίας, ιδίως χάρη στους πόρους, τις βασικές ικανότητες και τις οικονομίες κλίμακας, επιτρέπει στην επιχείρηση να επιτύχει υψηλότερα κέρδη από τους ανταγωνιστές της. Ο στόχος αυτών των δραστηριοτήτων δεν είναι πλέον η εξέλιξη, αλλά η "άρμεξη" του παραγόμενου κέρδους. Ως εκ τούτου, είναι συχνά υπεύθυνες για σημαντικές χρηματοοικονομικές εισροές και επιτρέπουν επενδύσεις, ιδίως στα αστέρια και τα ερωτηματικά.

👁 ΚΑΛΟ ΝΑ ΓΝΩΡΙΖΕΤΕ: ΤΟ ΦΑΙΝΟΜΕΝΟ ΤΗΣ ΕΜΠΕΙΡΙΑΣ

Το φαινόμενο της εμπειρίας παρατηρείται όταν παράγεται περισσότερο (οικονομίες κλίμακας), όταν η διαδικασία συστηματοποιείται περισσότερο (τυποποίηση) ή όταν η τεχνογνωσία γίνεται όλο και πιο ισχυρή (φαινόμενο μάθησης). Κατά συνέπεια, το μοναδιαίο κόστος παραγωγής μειώνεται (Lendrevie and Lévy, 2013).

- **Τα ερωτηματικά**, γνωστά και ως προβληματικά παιδιά, περιλαμβάνουν δραστηριότητες που έχουν σχετικά χαμηλό μερίδιο αγοράς σε αναπτυσσόμενες αγορές. Όπως υποδηλώνει και το όνομά τους, οι δραστηριότητες αυτές αποτελούν πραγματικό πρόβλημα για τους διαχειριστές. Ωστόσο, αυτές οι SBUs αποτελούν επίσης μια εξαιρετική ευκαιρία για μελλοντικά κέρδη, υπό την προϋπόθεση ότι επενδύονται μεγάλα ποσά από νωρίς. Όταν η δραστηριότητα βρίσκεται σε μια ισχυρή αναπτυσσόμενη αγορά, είναι ακόμη δυνατό να καλύψει τη διαφορά από τον ηγέτη κατακτώντας σταδιακά μερίδια αγοράς χάρη στις επενδύσεις. Η πολυπλοκότητα του εγχειρήματος έγκειται στην επιλογή της SBU που έχει επαρκείς δυνατότητες να διεκδικήσει ηγετική θέση στην αγορά και να γίνει αστέρας στο μέλλον. Εάν οι αναμενόμενες επενδύσεις δεν εισπραχθούν ή είναι πολύ μικρές, η δραστηριότητα θα μπορούσε να μετατραπεί σε σκύλο, όταν η αγορά φτάσει στην ωριμότητα. Τα ερωτηματικά θα πρέπει επομένως να τύχουν ιδιαίτερης προσοχής. Συνιστάται να υπάρχουν αρκετά από αυτά, δεδομένου ότι δεν θα γίνουν όλα αστέρια, αλλά θα πρέπει να επιλέγονται προσεκτικά.

ΠΛΕΟΝΕΚΤΗΜΑΤΑ ΤΗΣ ΧΡΗΣΗΣ ΤΟΥ ΠΙΝΑΚΑ ΜΕΡΙΔΙΟΥ ΑΝΑΠΤΥΞΗΣ BCG

Ο πίνακας μεριδίων ανάπτυξης της BCG επιτρέπει στους διευθυντές να αποκτήσουν μια σαφή μακροπρόθεσμη εικόνα των διαφόρων SBUs. Καθιστά δυνατή την τοποθέτηση των επιχειρηματικών τομέων, την παρατήρηση της θέσης τους εντός του πίνακα και την καλύτερη διαχείριση της κατανομής των πόρων. Με τη χρήση του, οι διευθυντές μπορούν να αποφασίσουν για το μέλλον των SBUs υπό τις καλύτερες συνθήκες: θα διαπιστώσουν ποιες πρέπει να καταργήσουν και σε ποιες πρέπει να επενδύσουν.

Ο πίνακας επιτρέπει επίσης στους χρήστες να κατανοήσουν τις διαφορετικές ανάγκες για την ανάπτυξη ορισμένων δραστηριοτήτων. Απαιτεί από τον διαχειριστή να σκεφτεί την αγορά και να πραγματοποιήσει εσωτερική ανάλυση των ΣΠΠ προκειμένου να προσδιορίσει τις δυνατότητες ανάπτυξής τους. Συνεπώς, η διοίκηση μπορεί να προβεί σε εκτίμηση των απαιτούμενων επενδύσεων.

Τέλος, ο πίνακας μεριδίων ανάπτυξης της BCG χρησιμεύει ως υπενθύμιση ότι τα κέρδη ορισμένων SBU πρέπει να διατίθενται σε δραστηριότητες με υψηλό δυναμικό ανάπτυξης. Αυτό θα κάνει το προσωπικό και τους ηγέτες να συνειδητοποιήσουν τη σημασία της οικονομίας, ακόμη και αν η δραστηριότητα αποφέρει υψηλό κέρδος.

ΠΕΡΙΟΡΙΣΜΟΙ ΚΑΙ ΕΠΕΚΤΑΣΕΙΣ

ΠΡΟΗΓΟΥΜΕΝΕΣ ΠΑΡΑΔΟΧΕΣ

Η εφαρμογή αυτού του μοντέλου απαιτεί από τους χρήστες να αποδεχθούν δύο προηγούμενες υποθέσεις:

- **Αυτοχρηματοδότηση.** Ο πίνακας του BCG για το μερίδιο ανάπτυξης παραμελεί τη δυνατότητα εξωτερικής χρηματοδότησης της επιχείρησης. Χρησιμοποιεί κυρίως το μοντέλο του κύκλου ζωής του προϊόντος που περιγράφηκε παραπάνω για να εξηγήσει την ανάγκη για διαφορετικές SBUs σε διαφορετικά στάδια ωριμότητας της αγοράς, προκειμένου να είναι σε θέση να χρηματοδοτήσει τις δραστηριότητες με τις μεγαλύτερες δυνατότητες. Η δυνατότητα εξωτερικής χρηματοδότησης μέσω χρέους ή μετόχων δεν λαμβάνεται υπόψη.

- **Το φαινόμενο της εμπειρίας.** Αυτός ο πίνακας είναι πραγματικά σημαντικός μόνο εάν υπάρχει ένα φαινόμενο εμπειρίας που ευνοεί τον ηγέτη της αγοράς. Σε περιπτώσεις όπου υπάρχει περιορισμένο φαινόμενο εμπειρίας, η ηγέτιδα εταιρεία σε μια αγορά δεν θα είναι απαραίτητα πιο κερδοφόρα από τις εταιρείες που την ακολουθούν, θέτοντας έτσι υπό αμφισβήτηση την εγκυρότητα του υποδείγματος.

Είναι σημαντικό να λαμβάνονται πάντα υπόψη αυτές οι παραδοχές, παρατηρώντας την αγορά πριν από την εφαρμογή του πίνακα BCG για το μερίδιο ανάπτυξης. Πράγματι, μια κακή ανάλυση της αγοράς θα μπορούσε να υπονομεύσει την αποτελεσματικότητα του μοντέλου και να οδηγήσει τον διαχειριστή σε κακές αποφάσεις.

ΠΕΡΙΟΡΙΣΜΟΙ ΚΑΙ ΚΡΙΤΙΚΕΣ

Παρόλο που ο πίνακας BCG growth-share matrix θεωρείται ένα χρήσιμο εργαλείο που παρέχει πολύτιμη βοήθεια στα στελέχη που επιθυμούν να παρακολουθούν τις διάφορες δραστηριότητές τους, εντούτοις έχει ορισμένους περιορισμούς τους οποίους είναι σημαντικό να γνωρίζουμε. Οι παραπάνω παραδοχές είναι περιοριστικές, αλλά μπορούν εύκολα να επαληθευτούν στην πράξη. Επιπλέον, πρέπει να διευκρινιστούν ορισμένα σημεία.

Ανακριβής ορολογία

Ορισμένοι από τους όρους που χρησιμοποιούνται δεν είναι εύκολο να οριστούν ή να ποσοτικοποιηθούν. Πράγματι, ανάλογα με τα χαρακτηριστικά της αγοράς, το ίδιο σχετικό μερίδιο αγοράς μπορεί να φαίνεται υψηλό ή χαμηλό. Επιπλέον, η ίδια αγορά μπορεί να ορίζεται διαφορετικά από διαφορετικούς διαχειριστές, καθιστώντας τον υπολογισμό περίπλοκο. Συνεπώς, τα αποτελέσματα μπορεί να διαφέρουν ανάλογα με τον τρόπο ορισμού της αγοράς.

Για παράδειγμα, αν μια εταιρεία πουλάει στυλό, θα πρέπει να θεωρεί ανταγωνιστές τους πωλητές μολυβιών και τους πωλητές λογισμικού επεξεργασίας κειμένου;

Ο διαχειριστής συχνά τείνει να επιλέγει τη λύση που τον βολεύει καλύτερα, με κίνδυνο να καταλήξει με μια αγελάδα ή ένα σκυλί. Η ανταπόκριση που επιτυγχάνεται μέσω της αγοράς μεριδίων ανάπτυξης βασίζεται, επομένως, συνήθως σε υποκειμενικά κριτήρια που αφορούν ειδικά τους διαχειριστές, γεγονός που έχει οδηγήσει τους επικριτές του πίνακα να υποστηρίξουν ότι η λύση παρεμποδίζεται από την επιρροή του χρήστη της.

Επιπλέον, ο διαχωρισμός μεταξύ των τεταρτημορίων μπορεί να διαφέρει ανάλογα με το υλικό αναφοράς που χρησιμοποιείται. Η διαχωριστική γραμμή μεταξύ ενός ερωτηματικού και ενός σκύλου μπορεί να φαίνεται ασαφής μερικές φορές.

Η υπεραπλούστευση ενός πολύπλοκου κόσμου

Αν και είναι αλήθεια ότι αυτό το μοντέλο παρέχει μια καλή γενική εικόνα της τοποθέτησης κάθε ΣΔΒΕ, δεν μπορούμε να είμαστε σίγουροι ότι, αφού κατηγοριοποιηθούν, όλες οι δραστηριότητες θα ακολουθήσουν αυτόματα την πορεία που περιγράφεται παραπάνω. Δεν είναι όλα τα σκυλιά καταδικασμένα να βρουν το τραγικό τέλος που περιγράφεται παραπάνω, με τον ίδιο τρόπο που οι αγελάδες μετρητών δεν αποτελούν πάντα σταθερές πηγές εσόδων. Στην πραγματικότητα, ένα σκυλί μπορεί να είναι αρκετά επιτυχημένο εάν εφαρμοστεί μια στρατηγική διαφοροποίησης σε σχέση με τον ηγέτη, και μπορεί να επιτύχει κέρδος για μια ορισμένη περίοδο. Ο διευθυντής μιας αγελάδας μετρητών μπορεί επίσης να το βρίσκει αποθαρρυντικό αν όλα τα κέρδη της ανακατανέμονται πάντα σε μια σκοτεινή και άγνωστη δραστηριότητα. Σε αυτή την περίπτωση, η συμπεριφορά των εργαζομένων δεν λαμβάνεται υπόψη και μπορεί να οδηγήσει σε σφάλματα στην εξέλιξη που προβλέπει ο πίνακας BCG growth-share matrix. Τέλος, ορισμένες συνέργειες μπορεί να οδηγήσουν τον διευθυντή να συνειδητοποιήσει ότι μια δραστηριότητα που βρίσκεται στο τεταρτημόριο του σκύλου πρέπει να διατηρηθεί επειδή συμβάλλει σε άλλες δραστηριότητες.

Ενεργώντας βάσει του αποτελέσματος

Είναι επομένως σαφές ότι το συμπέρασμα που προκύπτει από τον πίνακα μεριδίων ανάπτυξης της BCG θα πρέπει να θεωρείται περισσότερο ως οδηγός για την κατεύθυνση που πρέπει να ακολουθηθεί παρά ως σαφής και ακριβής σύσταση. Δεν συνιστάται να βασίζονται όλες οι πολιτικές αποκλειστικά στα αποτελέσματα ενός βιαστικά εφαρμοσμένου πίνακα μεριδίου ανάπτυξης. Καθώς ο οικονομικός κόσμος είναι πολύπλοκος, οι προβλέψεις του πίνακα αποδεικνύονται συχνά μόνο εν μέρει ακριβείς. Συνεπώς, τα ευρήματα ενός πίνακα μεριδίου ανάπτυξης της BCG πρέπει να αναλύονται και να εφαρμόζονται με προσοχή, ώστε να αποφεύγονται σφάλματα κρίσης που θα μπορούσαν να οδηγήσουν σε κατάρρευση μιας ΣΠΙ. Για παράδειγμα, μια SBU στην κατηγορία των σκύλων δεν πρέπει απαραίτητα να απορρίπτεται υπέρ άλλων, πιο κερδοφόρων μονάδων, καθώς μπορεί ήδη να ωφελεί άλλες SBU παρέχοντας τις δεξιότητες που χρειάζονται για να αναπτυχθούν όπως επιθυμούν.

ΣΧΕΤΙΚΑ ΜΟΝΤΕΛΑ ΚΑΙ ΕΠΕΚΤΑΣΕΙΣ

Υπάρχουν διάφοροι συμπληρωματικοί πίνακες στο μοντέλο του μεριδίου ανάπτυξης, όπως:

* Ο πίνακας GE της McKinsey
* τον πίνακα χαρτοφυλακίου Ashridge.

Με τη χρήση αυτών των νέων πινάκων, ο διαχειριστής μπορεί να λάβει υπόψη του ορισμένους παράγοντες που σχετίζονται με την ελκυστικότητα της αγοράς, οι οποίοι παραμελούνται από τον πίνακα μεριδίου ανάπτυξης. Αυτό με τη σειρά του του επιτρέπει να δημιουργήσει το καλύτερο δυνατό επιχειρηματικό χαρτοφυλάκιο.

Ο πίνακας GE της McKinsey

Ο πίνακας αυτός αναπτύχθηκε από την McKinsey & Company, η οποία ειδικεύεται στις στρατηγικές συμβουλές. Η εταιρεία, η οποία ιδρύθηκε το 1920 από τον Oscar James McKinsey (1889-1937), έχει ως στόχο να συμβουλεύει και να βοηθά τις επιχειρήσεις να ευημερούν σε ένα ταραχώδες οικονομικό περιβάλλον. Με γραφεία σε όλο τον κόσμο, η McKinsey & Company έχει μια σταθερή φήμη που βασίζεται σε ισχυρές αξίες γύρω από τη στρατηγική συμβουλευτική.

Ο πίνακας που αναπτύχθηκε τη δεκαετία του 1970 συνδέει την ελκυστικότητα της αγοράς (οι βασικοί παράγοντες του περιβάλλοντος) και τα ανταγωνιστικά πλεονεκτήματα της ΣΠΙ (η ανταγωνιστική ικανότητα της ΣΠΙ στην αγορά).

Επομένως, οι παράγοντες που εξετάζονται εδώ είναι ελαφρώς διαφορετικοί, επειδή επικεντρώνονται περισσότερο στο ανταγωνιστικό πλεονέκτημα της SBU παρά στο μερίδιο αγοράς της. Αυτό καθιστά δυνατή τη συνεκτίμηση των πλεονεκτημάτων που μπορούν να οδηγήσουν σε μια καλή εικόνα της μάρκας, σε προηγμένους τεχνολογικούς πόρους κ.λπ. Επιπλέον, η χρήση των ελκυστικών στοιχείων της αγοράς και όχι του ρυθμού ανάπτυξής της επιτρέπει να ληφθούν υπόψη παράγοντες όπως η ύπαρξη ευνοϊκής νομοθεσίας. Είναι επομένως σαφές ότι ο πίνακας GE είναι ένα πολύ πιο εξελιγμένο διαγνωστικό εργαλείο από τον πίνακα μεριδίου ανάπτυξης της BCG, δεδομένου ότι λαμβάνει υπόψη μια σειρά παραγόντων που προηγουμένως παραμελούνταν.

Τέλος, αξίζει να σημειωθεί ότι ο πίνακας αυτός προσφέρει ουδέτερες καταστάσεις, επιτρέποντας στον διαχειριστή να επιλέξει ανάλογα με τις προτιμήσεις του ή τις συνθήκες που θεωρεί ευνοϊκές ή δυσμενείς για την επένδυση.

Ο πίνακας χαρτοφυλακίου Ashridge

Το Ashridge Portfolio Matrix, το οποίο αναπτύχθηκε από τους Michael Goold και Andrew Campbell, προσφέρει ένα νέο όραμα για τη διαχείριση χαρτοφυλακίου, καθώς δίνει έμφαση στην ικανότητα της διοίκησης να κατανοεί το SBU και να ενεργεί αναλόγως. Πράγματι, εάν η διοίκηση δεν είναι σε θέση να κατανοήσει τις αναπτυξιακές ανάγκες της SBU, η επένδυσή της μπορεί να κατανεμηθεί ανεπαρκώς. Ομοίως, εάν η διοίκηση δεν έχει τις δεξιότητες να βελτιώσει την απόδοση της SBU, οποιαδήποτε επένδυση θα είναι μάταιη. Τέσσερις τύποι δραστηριοτήτων προκύπτουν από αυτή την παρατήρηση:

- δραστηριότητες της Heartland, τις οποίες ο διαχειριστής κατανοεί και είναι σε θέση να ενεργήσει βάσει αυτών,

- Δραστηριότητες έρματος, τις οποίες ο διαχειριστής κατανοεί αλλά δεν έχει τις απαραίτητες δεξιότητες για να τις βελτιώσει,

- Δραστηριότητες παγίδες αξίας, όπου η γενική διοίκηση μπορεί να βελτιώσει την απόδοση, αλλά δεν κατανοεί απαραίτητα το σκεπτικό,

- Ξένες δραστηριότητες, οι οποίες είναι σαφώς ακατάλληλες, καθώς τα στελέχη δεν κατανοούν το σκεπτικό τους και δεν έχουν τις δεξιότητες να τις αναπτύξουν.

Η προσέγγιση αυτή επιτρέπει στους χρήστες να επικεντρωθούν τόσο στη διοίκηση όσο και στη ΣΠΠ της οποίας οι επιδόσεις πρέπει να βελτιωθούν. Αυτή η σχέση είχε προηγουμένως αγνοηθεί από τους θεωρητικούς, οι οποίοι επικεντρώνονταν κυρίως στην αγορά και τη δραστηριότητα.

Εν κατακλείδι, η συγκέντρωση αυτών των διαφορετικών προσεγγίσεων μόνο καλό μπορεί να αποβεί για τον διαχειριστή. Η συμπερίληψη των ανταγωνιστικών πλεονεκτημάτων, των ελκυστικών στοιχείων της αγοράς και της αλληλεπίδρασης μεταξύ της ΣΠΠ και της διοίκησης θα βελτιώσει την ικανότητα του διευθυντή να αναλύει την κατανομή των πόρων μεταξύ των διαφόρων ΣΠΠ.

ΠΡΑΚΤΙΚΗ ΕΦΑΡΜΟΓΗ

ΣΥΜΒΟΥΛΕΣ ΚΑΙ ΚΟΡΥΦΑΙΕΣ ΣΥΜΒΟΥΛΕΣ

Η σημασία του καθορισμού της αγοράς

Όπως είδαμε, ο ορισμός μιας αγοράς δεν είναι πάντα εύκολος και μπορεί να δημιουργήσει πολλά προβλήματα στον διαχειριστή. Ο διαχειριστής πρέπει να αποφύγει:

- επικεντρώνεται σε μια υπερβολικά στενή αγορά, με κίνδυνο να παραμελήσει μεγάλο αριθμό δυνητικών ανταγωνιστών,

- στοχεύοντας σε μια πολύ μεγάλη αγορά, καθώς αυτό μπορεί να οδηγήσει σε μακροχρόνιες, κουραστικές μελέτες που κοστίζουν σε χρόνο και χρήμα.

Είναι ζωτικής σημασίας ο ορισμός της σωστής αγοράς, διότι από αυτόν εξαρτάται η συνολική ανάλυση του πίνακα μεριδίων ανάπτυξης της BCG. Συνεπώς, συνιστάται στους χρήστες να αφιερώσουν χρόνο για την ανάλυση της αγοράς πριν από την εφαρμογή του μοντέλου. Δεν πρέπει να διστάζουν να ζητούν τη βοήθεια ειδικών της αγοράς, οι οποίοι θα είναι σε θέση να τους συμβουλεύσουν για το καλύτερο δυνατό περίγραμμα, λαμβάνοντας υπόψη τους πόρους και το χρόνο που διαθέτει ο διαχειριστής.

Διαχωρισμός των SBUs στον πίνακα μεριδίου ανάπτυξης της BCG

Είναι σημαντικό για έναν διευθυντή να έχει SBUs σε όλα τα τεταρτημόρια του πίνακα μεριδίου ανάπτυξης της BCG. Πρέπει να φροντίσει να αποφύγει να έχει δραστηριότητες σε ένα μόνο τεταρτημόριο. Για παράδειγμα, ενώ το να έχει κανείς μόνο αγελάδες με μετρητά θα είναι κερδοφόρο βραχυπρόθεσμα, στην περίπτωση αυτή το μέλλον θα είναι αβέβαιο. Επιπλέον, η εταιρεία κινδυνεύει να φανεί παλιά ή ξεπερασμένη στους καταναλωτές. Ομοίως, ένας διευθυντής που διαθέτει μόνο ερωτηματικά κινδυνεύει να αντιμετωπίσει γρήγορα οικονομικά προβλήματα και σύντομα θα αναγκαστεί να σταματήσει όλες τις δραστηριότητες. Συνιστάται η διασπορά των SBUs σε όλα τα τεταρτημόρια του μοντέλου του μεριδίου ανάπτυξης, προκειμένου να επιτευχθεί ισορροπία μεταξύ των γερασμένων αλλά επικερδών δραστηριοτήτων και των νέων δραστηριοτήτων με υψηλές προοπτικές που απαιτούν συνεχείς και σημαντικές επενδύσεις.

Προβλέποντας την εξέλιξη της SBU

Στο σημείο αυτό, ο αναγνώστης μπορεί να διαπιστώσει ότι η τοποθέτηση των στρατηγικών δραστηριοτήτων στον πίνακα μεριδίων ανάπτυξης της BCG δεν είναι εύκολη. Πολλές δυσκολίες μπορούν να διαταράξουν την επιλεγμένη τοποθέτησή τους και να επιφέρουν την ταχεία παρακμή μιας SBU. Επιπλέον, ένας έμπειρος μάνατζερ που έχει λάβει υπόψη του όλα τα διάφορα στοιχεία και χαρακτηριστικά της αγοράς δεν έχει την πολυτέλεια να ξεκουραστεί ούτε λεπτό όταν έχει εντοπίσει και τοποθετήσει σωστά μια SBU στο μοντέλο. Πράγματι, η θέση κάθε δραστηριότητας στον πίνακα μεριδίων ανάπτυξης της BCG δεν είναι μόνιμα καθορισμένη. Για κάθε αντιπροσωπευόμενη δραστηριότητα είναι δυνατόν να υπάρξουν διάφορα σενάρια ανάπτυξης. Συνεπώς, κάθε δραστηριότητα θα πρέπει να μελετηθεί λεπτομερώς, προκειμένου η επιχείρηση να έχει τις καλύτερες δυνατές πιθανότητες επιτυχίας. Συνεπώς, είναι σημαντικό να συμπληρωθεί ένας πίνακας BCG growth-share matrix που να περιγράφει τα διάφορα πιθανά σενάρια για κάθε SBU. Για να γίνει αυτό, υπάρχουν διάφορες πιθανές επιλογές, όπως φαίνεται στο παρακάτω διάγραμμα.

- **Το μονοπάτι της καινοτομίας.** Αυτό αντιστοιχεί στην άμεση άφιξη μιας SBU στο άνω αριστερό τεταρτημόριο των αστεριών. Η επιχείρηση που επανεπενδύει τα κέρδη που έχει αποκομίσει (ιδίως από τις αγελάδες μετρητών) στην Ε&Α (έρευνα και ανάπτυξη) μπορεί να περιμένει να ακολουθήσει το μονοπάτι της καινοτομίας. Αυτά τα επανεπενδυμένα χρήματα επιτρέπουν την εμφάνιση νέων δεξιοτήτων και πόρων που θα οδηγήσουν στη δημιουργία μιας νέας SBU με ανταγωνιστικό πλεονέκτημα έναντι των ανταγωνιστών της. Στη συνέχεια, όταν η αγορά φθάσει στην ωριμότητα, οι δραστηριότητες αυτές αναμένεται να γίνουν αγελάδες μετρητών, οι οποίες με τη σειρά τους θα επενδύσουν στην Ε&Α.

- **Το μονοπάτι του οπαδού.** Παρομοίως, τα κέρδη που παράγονται από τις αγελάδες μετρητών μπορούν επίσης να επενδυθούν στα ερωτηματικά που έχουν ισχυρό δυναμικό ανάπτυξης. Με την επένδυση αυτή, μπορούν να αναπτυχθούν και τελικά να καταλάβουν ηγετική θέση στην αγορά.

- **Το μονοπάτι της καταστροφής.** Δεν είναι όλα τα σενάρια τόσο αισιόδοξα όσο αυτά που είδαμε προηγουμένως. Στην πραγματικότητα, αν μια δραστηριότητα στο τεταρτημόριο των αστεριών δεν λάβει τις αναμενόμενες επενδύσεις, μπορεί γρήγορα να βρεθεί στο τεταρτημόριο του σκύλου. Αυτό μπορεί επίσης να συμβεί αν η εταιρεία δεν αναλύσει σωστά τις προσδοκίες των καταναλωτών και τους βασικούς παράγοντες επιτυχίας.

- **Το μονοπάτι της μετριότητας.** Αυτό το μονοπάτι περιλαμβάνει τις δραστηριότητες που εμπίπτουν στο τεταρτημόριο των ερωτηματικών και αποτυγχάνουν να εξελιχθούν σε αστέρια. Αυτές οι δραστηριότητες καταλήγουν να μένουν στάσιμες μεταξύ των κατηγοριών του σκύλου και των ερωτηματικών, με αποτέλεσμα να απορροφούνται σημαντικά χρήματα για μη ικανοποιητικά αποτελέσματα.

Ο διαχειριστής που επιθυμεί να εφαρμόσει τον πίνακα μεριδίων ανάπτυξης της BCG πρέπει να έχει κατά νου τα διάφορα πιθανά σενάρια και να αποφεύγει έτσι να επικεντρώνεται μόνο στις θετικές πορείες που θα μπορούσαν να ακολουθήσουν οι ΣΠΙ. Η επιτυχία απαιτεί την ανάπτυξη αντιδράσεων στα ανεπιθύμητα σενάρια που μπορεί να αντιμετωπίσει κάθε επιχείρηση.

Η συμπληρωματική χρήση πινάκων διαχείρισης χαρτοφυλακίου

Ενώ τα πλεονεκτήματα του πίνακα μεριδίων ανάπτυξης της BCG είναι προφανή, έχει επίσης ορισμένους περιορισμούς. Ένας από αυτούς είναι το γεγονός ότι το μοντέλο βασίζεται σε υπεραπλούστευση και δεν λαμβάνει υπόψη όλα τα χαρακτηριστικά της αγοράς.

Μετά την εμφάνιση του πίνακα μεριδίων ανάπτυξης της BCG, άλλα μοντέλα είχαν επίσης κάποια επιτυχία με τους διαχειριστές όσον αφορά τη διαχείριση χαρτοφυλακίου. Σε αυτά περιλαμβάνονται ο πίνακας GE της McKinsey και ο πίνακας χαρτοφυλακίου της Ashridge, τα οποία βοηθούν τον διαχειριστή να εμβαθύνει τις γνώσεις του για την αγορά και τη δραστηριότητά της και να αποκτήσει μια συμπληρωματική εικόνα για τις καλύτερες επιλογές κατανομής που πρέπει να κάνει.

ΜΕΛΕΤΗ ΠΕΡΙΠΤΩΣΗΣ

Πάρτε το παράδειγμα μιας παγκοσμίου φήμης εταιρείας που ιδρύθηκε τη δεκαετία του 1970. Συγκεντρώνει μεγάλο αριθμό τομέων δραστηριοτήτων από διάφορους τομείς. Σε αυτούς περιλαμβάνονται, μεταξύ άλλων, αεροπορικές εταιρείες, μια σιδηροδρομική εταιρεία, ένας εκδοτικός οίκος, ακόμη και μια εταιρεία διαστημικού τουρισμού. Η εταιρεία είναι ένας όμιλος επιχειρήσεων, πράγμα που σημαίνει ότι συγκεντρώνει μεγάλο αριθμό δραστηριοτήτων που δεν έχουν πολύ σαφείς συνέργειες μεταξύ τους. Στόχος του ιδρυτή της εταιρείας ήταν να επιτρέψει την ανάπτυξη των εταιρειών μέσω της επένδυσης κεφαλαίων και δεξιοτήτων. Το 2012, ο όμιλος κατέγραψε κύκλο εργασιών περίπου 13 δισεκατομμυρίων λιρών και απασχολεί περίπου 50 000 άτομα παγκοσμίως.

Η περίπτωση αυτή είναι εξαιρετικά ενδιαφέρουσα όταν αναλύεται στο πλαίσιο του πίνακα μεριδίου ανάπτυξης της BCG, διότι μας βοηθά να κατανοήσουμε πώς ορισμένες SBU καταφέρνουν να στηρίξουν άλλες, παρόλο που δεν υπάρχουν ομοιότητες μεταξύ τους. Η στρατηγική του Richard Branson είναι να βοηθήσει πολλές εταιρείες να ευημερήσουν μέσω εξαγορών και μεταφοράς δεξιοτήτων. Επομένως, για να επιτύχει αυτή η στρατηγική απαιτούνται σημαντικά κεφάλαια. Για το σκοπό αυτό, ορισμένοι τομείς των υφιστάμενων δραστηριοτήτων θα πρέπει να βοηθήσουν στη χρηματοδότηση νέων δραστηριοτήτων που θεωρείται ότι έχουν κάποιο εκμεταλλεύσιμο δυναμικό.

Στο σημείο αυτό, πρέπει να διευκρινιστούν ορισμένα σημεία πριν από την επεξήγηση του μοντέλου, ώστε να γίνει πλήρως κατανοητό.

- Πρώτον, στο μοντέλο δεν απεικονίζονται όλες οι δραστηριότητες της εταιρείας, προκειμένου να γίνει σαφέστερο για τον αναγνώστη. Αντιπροσωπεύονται μόνο ορισμένες από αυτές.

- Στη συνέχεια, ο χαμηλός αριθμός δραστηριοτήτων στο τεταρτημόριο του σκύλου εξηγείται από το γεγονός ότι η ομάδα θέλει να αποφύγει τη διατήρηση δραστηριοτήτων στην περιοχή αυτή. Επιπλέον, όσον αφορά τις τρέχουσες δραστηριότητες, είναι δύσκολο να γνωρίζει κανείς ποιες ΣΔΟΕ θα καταλήξουν να μετακινηθούν προς αυτό το τεταρτημόριο.

- Τέλος, όπως προαναφέρθηκε, ο πίνακας BCG growth-share matrix είναι ένα εργαλείο που πρέπει να ενημερώνεται τακτικά, πράγμα που σημαίνει ότι τα αποτελέσματα μιας ημέρας μπορεί να αλλάξουν την επόμενη ημέρα. Συνεπώς, το μοντέλο αυτό μπορεί να εξελιχθεί ραγδαία τα επόμενα χρόνια.

Έχοντας αποσαφηνίσει τα σημεία αυτά, μπορούμε να προχωρήσουμε στην εφαρμογή του πίνακα BCG για το μερίδιο ανάπτυξης της εταιρείας:

- Στις SBU που έχουν ήδη αποδείξει την αξία τους περιλαμβάνονται οι αεροπορικές εταιρείες. Η πρώτη αεροπορική εταιρεία ιδρύθηκε τη δεκαετία του 1980. Έκτοτε, άνθισε και μπόρεσε να επεκταθεί: σήμερα έχει φτάσει σε μια ορισμένη ωριμότητα. Με αιχμή του δόρατος το εμπορικό σήμα της εταιρείας, κυρίως μέσω αυτού η εταιρεία έχει αποκτήσει τη φήμη της ασφάλειας και της αξιοπιστίας, τόσο στον τομέα των αερομεταφορών όσο και στα υπόλοιπα προϊόντα της. Αυτού του είδους η δραστηριότητα, που αποτελεί εξαιρετικό παράδειγμα της έννοιας της "αγελάδας μετρητών", επιτρέπει στην εταιρεία να αντλεί σημαντικό ποσό κεφαλαίων που χρησιμοποιούνται στην ανάπτυξή της, αλλά και στην ανάπτυξη νέων SBU με μεγάλες δυνατότητες. Τούτου λεχθέντος, οι αγελάδες μετρητών δεν διαρκούν για πάντα, καθώς, παρόλο που η εταιρεία τα πήγε καλά με την αεροπορική εταιρεία, δεν μπορεί να ειπωθεί το ίδιο για την εταιρεία σιδηροδρόμων. Μετά την ιδιωτικοποίηση του σιδηροδρομικού δικτύου στη Βρετανία τη δεκαετία του 1990, η εταιρεία αποφάσισε να εκμεταλλευτεί την καλή φήμη της στον τομέα των αεροπορικών ταξιδιών και να επενδύσει σημαντικά σε αυτή τη νέα αγορά. Ο ισχυρός ανταγωνισμός απαιτεί συνεχείς επενδύσεις και δεν επιτρέπει την ανακατανομή μεγάλου κέρδους σε νέες αγορές, γεγονός που εξηγεί γιατί η σιδηροδρομική εταιρεία μετακινήθηκε στο τεταρτημόριο του σκύλου.

- Οι τομείς της ψυχαγωγίας και των μέσων ενημέρωσης είναι δύο είδη δραστηριοτήτων της εταιρείας που βρίσκονται στο τεταρτημόριο των αστεριών του πίνακα μεριδίων ανάπτυξης της BCG:

  - Καθώς ο κόσμος των τηλεπικοινωνιών και του διαδικτύου εξελίσσεται συνεχώς, η διατήρηση μιας θέσης στην ελίτ είναι εξαιρετικά κερδοφόρα, αλλά αυτό απαιτεί σημαντικές επενδύσεις. Η εταιρεία μέσων ενημέρωσης έχει αντιμετωπίσει πολλές οικονομικές δυσκολίες στον τομέα αυτό, προκειμένου να διατηρήσει τη θέση της σε διάφορες χώρες του κόσμου. Στη Γαλλία, μία από τις εταιρείες του ομίλου οδηγήθηκε σε πτώχευση το 2013, ως αποτέλεσμα του κατεβάσματος (νόμιμου, αλλά κυρίως παράνομου) μουσικής στο διαδίκτυο.

○ Όσον αφορά την ψυχαγωγία, ο όμιλος είναι πολύ ενεργός στον τομέα αυτό. Διαφορετικές πηγές εσόδων, συμπεριλαμβανομένων αυτών που προέρχονται από τη μουσική, εξασφαλίζουν ένα άνετο δίχτυ οικονομικής ασφάλειας. Ωστόσο, τα προβλήματα στον τομέα των μέσων ενημέρωσης ισχύουν και στον κόσμο της ψυχαγωγίας.

• Επιπλέον, μια εταιρεία όπως η συγκεκριμένη, που βασίζεται στην αγορά και ανάπτυξη νέων SBUs με υψηλό δυναμικό ανάπτυξης, πρέπει να διαθέτει στο χαρτοφυλάκιό της μια σειρά από δραστηριότητες με ερωτηματικά. Το σχετικά πρόσφατο ενδιαφέρον της εταιρείας για τα χρηματοοικονομικά υποδηλώνει επί του παρόντος αβέβαιες μελλοντικές προοπτικές, γεγονός που ισχύει ιδιαίτερα σε περιόδους παγκόσμιας κρίσης. Επιπλέον, εταιρείες όπως το εγχείρημα του διαστημικού τουρισμού δεν εναρμονίζονται ιδιαίτερα με την τρέχουσα πραγματικότητα, δηλαδή τη μείωση της αγοραστικής δύναμης. Επομένως, αυτού του είδους η δραστηριότητα θα μπορούσε να είναι μεταξύ των πρώτων που θα αντιμετωπίσουν τις συνέπειες της τρέχουσας κρίσης.

• Τέλος, ακόμη και αν δεν υπάρχει καμία δραστηριότητα στο τεταρτημόριο του σκύλου, η εταιρεία έχει απαλλαγεί από ορισμένες δραστηριότητες που θα ταίριαζαν σε αυτή την κατηγορία. Μια εταιρεία που εστιάζει στις δυνατότητες νέων δραστηριοτήτων πρέπει πάντα να εξετάζει τους κινδύνους που ενέχει κάθε επένδυση.

Εν κατακλείδι, πρέπει να επισημάνουμε ότι ο όμιλος αυτός έχει καταφέρει να βρει μια καλή ισορροπία μεταξύ των επιχειρηματικών του τομέων. Οι δραστηριότητες που έχουν αποδειχθεί έχουν ως στόχο να χρηματοδοτήσουν την ανάπτυξη νέων δραστηριοτήτων, οι οποίες με τη σειρά τους, αν οι προβλέψεις είναι σωστές, θα παράγουν στη συνέχεια κεφάλαια για την έναρξη νέων έργων. Ωστόσο, δεν είναι εύκολο να προσδιοριστεί με βεβαιότητα η πορεία που θα ακολουθήσουν οι επιχειρηματικοί τομείς με ισχυρές δυνατότητες, καθώς υπάρχει πάντα ένα μεγάλο στοιχείο κινδύνου στη διοχέτευση κεφαλαίων σε αυτές τις δραστηριότητες. Η χρήση του πίνακα μεριδίων ανάπτυξης της BCG επιτρέπει στους διευθυντές να αποκτήσουν σαφήνεια στις επιλογές που αφορούν την εξαγορά, καθώς και στις επενδύσεις και την ανάπτυξη των SBUs.

ΠΕΡΙΛΗΨΗ

- Ο πίνακας BCG growth-share matrix είναι εργαλείο για την ανάλυση του επιχειρηματικού χαρτοφυλακίου μιας εταιρείας. Αναπτύχθηκε από την Boston Consulting Group τη δεκαετία του 1960 και εξακολουθεί να είναι πολύ δημοφιλής στα στελέχη σήμερα.

- Ο πίνακας αυτός επιτρέπει στους διαχειριστές να κατανοήσουν και να παρατηρήσουν τη σχετική σημασία των δραστηριοτήτων στο χαρτοφυλάκιό τους.

- Συγκεντρώνει τα σχετικά μερίδια αγοράς της εταιρείας στον άξονα Χ και τον ρυθμό ανάπτυξης της αγοράς στον κάθετο άξονα.

- Ανάλογα με την κατάσταση στα τεταρτημόρια των αστεριών, των αγελάδων μετρητών, των ερωτηματικών και των σκύλων, είναι σκόπιμο να επενδύσετε, να διατηρήσετε ή να απαλλαγείτε από δραστηριότητες.

- Ορισμένες παραδοχές, όπως η αυτοχρηματοδότηση και το φαινόμενο της εμπειρίας, θα πρέπει να επιβεβαιωθούν για να διασφαλιστεί ότι ο πίνακας λειτουργεί σωστά.

- Ορισμένες ασάφειες, η απλοποίηση των όρων και η υποκειμενικότητα των διαχειριστών συνεπάγονται ότι ο πίνακας είναι μερικές φορές ανακριβής και έχει ορισμένους περιορισμούς.

- Αποτελεί συμπληρωματικό εργαλείο του πίνακα GE της McKinsey και του πίνακα χαρτοφυλακίου της Ashridge.

Η χρήση της από μόνη της, αν και ενδιαφέρουσα, δεν είναι απαραίτητα επαρκής.

- Ο πίνακας πρέπει να επικαιροποιείται συνεχώς με την πάροδο του χρόνου, ιδίως σε αγορές με μεγάλη ανάπτυξη.

- Η διαχρονική ανάπτυξη των SBUs μπορεί να τις κάνει να ακολουθήσουν διαφορετικές πορείες κατά τη διάρκεια του κύκλου ζωής τους.

- Το παράδειγμα ενός ομίλου επιχειρήσεων παρέχει μια καλή αναπαράσταση της λειτουργίας του πίνακα μεριδίου ανάπτυξης της BCG και μας βοηθά να κατανοήσουμε την αρχή που διέπει τη χρηματοδότηση νέων ΣΠΙ.

ΠΕΡΑΙΤΕΡΩ ΑΝΑΓΝΩΣΗ

ΒΙΒΛΙΟΓΡΑΦΙΑ

δικτυακός τόπος *beCompta:* http://www.becompta.be

Ιστοσελίδα της *Boston Consulting Group:* http://www.bcg.com/

Deppe, A. (χωρίς ημερομηνία) Séquence 4 : La démarche stratégique à l'international. *Marketing International.* [Online]. [Πρόσβαση 6 Μαΐου 2014]. Διαθέσιμο από: < http://foad.refer.org/IMG/pdf/Sequence_4-2.pdf>

Giboin, B. (2012) *La boîte à outils de la stratégie.* Paris: Dunod.

Johnson, G., Scholes, K., Whittington, R. and Fréry, F. (2008) *Stratégique.* [8η έκδοση]. Paris: Pearson Education.

Lambin, J.-J. and de Moerloose, C. (2008) *Marketing stratégique et opérationnel. Du marketing à l'orientation de marché.* [7η έκδοση]. Paris: Dunod.

Lendrevie, J. και Lévy, J. (2013) *Mercator 2013. Théorie et nouvelles pratiques du marketing.* [10η έκδοση]. Paris: Dunod.

Marchesnay, M. (1993) *Management stratégique.* Paris: Eyrolles.

Ιστοσελίδα της *McKinsey:* http://www.mckinsey.com/

Saïas, M. and Métais, E. (2001) *Stratégie d'entreprise : évolution de la pensée. Finance. Contrôle. Stratégie.* 4(1), σ. 183-213. Ιστοσελίδα *στρατηγικού μάρκετινγκ:* http://www.marketing-strategique.com/

Ιστοσελίδα της *Virgin:* http://www.virgin.com/

ΠΡΟΣΘΕΤΕΣ ΠΗΓΕΣ

Armstrong, J. S. and Brodie, R.J. (1994) Effects of Portfolio Planning Methods on Decision Making: Πειραματικά αποτελέσματα. *International Journal of Research in Marketing*. 11(1), σσ. 73-84.

Fleisher, C. S. and Bensoussan, B. E. (2003) *Strategic and Competitive Analysis: Μέθοδοι και τεχνικές για την ανάλυση του επιχειρηματικού ανταγωνισμού*. Upper Saddle River: Prentice Hall.

Hambrick, D. C., MacMillan, I. C. and Day, D. L. (1982) Strategic Attributes and Performance in the BCG Matrix. A PIMS-Based Analysis of Industrial Product Businesses. *Academy of Management Journal*. 25(3).

MASLOW'S HIERARCHY OF NEEDS
Personal accomplishment
Esteem
Belonging
Security
Physiologie
THE SWOT ANALYSIS
Strenghts
Weaknesses
SWOT
Opportunities
Threats

Κύριο ISBN: 9782808600354
ISBN: 9782808601801
Νόμιμη κατάθεση: D/2022/12603/181

Ψηφιακός σχεδιασμός: Primento,
ο ψηφιακός συνεργάτης των εκδοτών.